DÉPOT LÉGAL.
Bouches-du-Rhône
N° 411
1876

à Castel Diel — Diel Engin

AF243129

LE BÉLIER

SÉRIE DE HEURTS

CONTRE LA THÉORIE MUSICALE

Cinq Numéros à 0 fr. 25 c. l'un

22 Avril : Premier Numéro : PRINCIPES ET PROCÉDÉS.
. . . . 2ᵉ N° : CONVENTIONS, ÉCRITURE.
. . . . 3ᵉ N° : MUSIQUE SENSORIELLE, PHYSIQUE.
. . . . 4ᵉ N° : MUSIQUE TEMPÉRÉE, HISTORIQUE.
22 Sept. : 5ᵉ N° : MUSIQUE PARTÉGALE,
Monument tout d'une pièce.

Docteur François RICARD

MUSIQUE PARTÉGALE

MARSEILLE

BIBLIOTHÈQUE NATIONALE R.F. IMPRIMÉS

à Castel Diel — Diel Cngin

LE BÉLIER

Série de heurts contre la théorie musicale

Il ne faut pas chercher dans la série de ces heurts un ensemble didactique, j'y donne à chaque partie de la théorie musicale un rang et un développement en rapport avec le but de démolissement que je me propose. Complément de tous les traités de musique théorique, ces feuilles n'ont la prétention d'en remplacer aucun ; elles se sui-

vront sans régularité dans leurs intervalles , chacune d'elles paraîtra à l'heure favorable, après avoir laissé à la critique le temps de contrôler les assertions hardies des heurts parus.

Cette œuvre sera terminée le *premier jour de l'an* normal; l'année qui commencera à l'équinoxe d'automne de l'an de J.-C. 1875 , sera marquée zéro ordinal dans l'ère nouvelle de la musique. Cette préparation de cinq mois évitera une révolution ; le monde musical, habitué graduellement à des idées nouvelles et surtout à des mots nouveaux, aura fait son évolution sans secousse. Le 22 septembre il n'y aura plus de théorie musicale ; chacun lira, exécutera la musique, sans initiation; les instruments rendront écrite la musique qu'ils auront jouée : il ne restera plus que l'art, mais l'art puissant , universel; la facilité rendra l'instruction musicale obligatoire sans contrainte.

Vous me prenez pour fou ; je le serais en effet, si je vous promettais que vous exécuterez la musique parfaitement et dans le mouvement, sans de nombreux exercices.

ZÉRO^{ième} HEURT

Reconnaissance de la place, pose du bélier

Le mot nouveau chiropsie nomme un procédé éprouvé de démonstration dont vous vous servez à tout propos, seulement appliqué méthodiquement ici à la théorie musicale.

Les appareils se recommandent par leur utilité et les noms ont reçu de leur origine le don de s'imposer à la mémoire de chacun ; tout le monde a inventé Modegammeton. Chromopyl est né dans l'escalier d'un helléniste, il est le produit d'une influence de milieux. J'allais demander à un jeune universitaire d'être le parrain de cet appareil ; en ouvrant sa porte, je criai : Eurèca... merci...j'ai trouvé... Chromopyl ; quand je lui eus exposé le but intéressé de ma visite, après un moment de profonde réflexion, cet ami m'engagea à ne plus chercher, ajoutant que je ne trouverais jamais mieux.

Chiropsie et ses appareils ne sont déjà plus pour vous des inconnus ; quant à mon droit de signer leur passeport, lisez et c'est votre suffrage qui va faire du docteur François Ricard une autorité dans la Théorie Musicale.

Dans quel ton dois-je vous parler ? Relevé ou trivial ?

— Je porte à cette œuvre un grand intérêt, seulement je crois que votre manière de procéder trop scientifique restreindra votre public, moi qui suis un esprit cultivé ai de la peine à vous suivre. — Vous êtes, en effet, un esprit cultivé même parmi les cultivés, mais nous sommes arrivés à l'âge où on est conservateur. Pressé par le travail professionnel, vous ne pouvez prêter aux conceptions théoriques qu'une oreille distraite ; en m'écoutant, vous vous appliquez moins à suivre l'ordre de mes idées qu'à chercher leur point vulnérable. Il ne faut qu'un moment pour le fait de l'abjuration, mais pour la conversion complète que de temps et de combats. Enfin, moi parlant, vous écoutant après dîner, vos efforts pour me suivre peuvent être causés par des écarts du guide ou par l'alourdissement du voyageur.

Il y a, pour l'aptitude à comprendre les choses vraiment scientifiques, peu d'écart entre un esprit cultivé et celui qui l'est médiocrement. La science faite est simple parce qu'elle est vraie ; la science sur le chantier est au contraire très ardue, le public n'entre pas ici, elle n'est accessible qu'aux ouvriers qui y travaillent, les savants. Dès qu'un ouvrier de génie a fait le montage des pièces précédemment éparses dans les divers ateliers, la machine marche et par le mouvement s'expliquent les relations de toutes les pièces : c'est la théorie qui relie les parties d'une science. Tout le monde ne comprend pas encore toutes les machines qui marchent ; quand une théorie est trop compliquée, les rouages inutiles détournent l'attention de ceux qui sont nécessaires : une théorie n'est facile à comprendre que lorsqu'elle est devenue simple, vraie par conséquent.

Dans la lecture scientifique, comme en toutes choses, l'habitude donne plus de facilité et la culture de l'esprit sert à lire sans fatigue. Il y a entre les cultivés une espèce d'argot, des allusions à un proverbe, à une anecdote, à un passage d'un auteur connu, à un mot heureux ; la rencontre d'un de ces moyens de rompre l'aridité de la description repose le cultivé et trouble l'autre ; l'inculte est porté à attribuer le buttement de son esprit à son défaut de pénétration ou à la dureté de la science même.

Il est probable que nous ne pourrons jamais remonter jusqu'à l'origine commune ou, ce qui revient au même, pousser la science jusqu'à la dernière raison des choses. On porte en soi la conviction que de ce point, à la fois le premier et le dernier, l'*alpha* et l'*oméga* disent les érudits, la notion scientifique serait un éclair, une évidence ; il est donc rationnel de chercher la clarté en remontant le départ au point le plus rapproché possible de cette ultime raison des choses *ultima ratio rerum*. Je pourrais bien vous conduire d'emblée à l'avant-dernière, la pénultième disent les versificateurs, mais vous seriez éblouis ; pour ménager notre vue transportons-nous pour le moment à la préavant-dernière, l'antépénultième.

Des mots employés avec plusieurs acceptions, d'autres que la transformation de la musique a rendu des non-sens, apportent une grande confusion dans le langage musical ; je les remplacerai par d'autres mots ayant un sens précis : les mots nouveaux n'auront pas besoin de vous être présentés pour vous devenir familiers, leur construction et leur usage suffiront pour les définir.

" Quand on veut mettre à même de juger, en connaissance de cause, des jurés qui pour la culture doivent pouvoir être les premiers venus, on fait passer sous leurs yeux une réduction du théâtre du crime, animée par la présence de petits bonshommes, auxquels on peut donner les diverses positions qu'ont occupées les acteurs du drame, victimes et scélérats. "

C'est de la chiropsie. Plus d'effort de l'esprit ! Pour comprendre clairement chaque détail de l'Instruction il suffit de un coup de pouce *(chir)* et un coup d'œil *(opsis.)*

MES MOYENS

Un point de départ relevé pour le mettre à la portée de l'intelligence commune, une marche rigoureusement scientifique, des termes précis et clairs sans initiation, la chiropsie par le chromopyl et le modegammeton, voilà par quels moyens inusités je compte étendre le cercle de mes lecteurs ; sans oublier, parmi les procédés connus, le bon marché, une disposition commode et harmonieuse et la rémunération commerciale accrue par le défaut d'éditeur.

Je ne priverai pas le lecteur des agréments, citations, allusions, comparaisons ; tous ces ornements seront introduits avec des détails qui en faciliteront l'intelligence sans trop les alourdir.

Malgré tous mes soins, même les cultivés ne liront pas ceci comme du littéraire ; bien des passages que vous n'aurez pas saisis à la première lecture, vous paraîtront clairs en y revenant, après avoir lu la suite qui complète l'idée ou la rend sensible par l'application. Attendez-vous même à rencontrer parmi ces pages des lignes que vous ne comprendrez jamais bien, que cela ne vous décourage pas ; je vous en prie soyez discret, je ne le dis qu'à vous : il se peut que je ne les comprenne pas mieux, moi qui les ai combinées.

Il faut être prévenu que certaines conceptions, il est à remarquer que ce sont les plus fécondes par conséquent les plus vraies, ne s'imposent à notre esprit que par l'habitude de les accepter et de s'en servir : le négatif, l'infiniment petit, les différences en mathématique; ici, les idées de principes, de convention, de procédés. Priez et la foi viendra, la prière amène la foi par un effet naturel, il est certain aussi que celui qui prie cherche à croire. Dispensez-vous de comprendre une conception trop subtile, appliquez et si elle ne trompe jamais votre attente acceptez-la ; une démonstration est souvent préférable à une évidence individuelle, l'évidence n'est que pour vous, la démonstration est pour tous.

MON BUT

Hier défenseur convaincu de la théorie musicale usuelle, je me pose aujourd'hui en réformateur hardi de la musique en général : nomenclature, formation des gammes, conventions, enseignement, construction des instruments.

Quand j'exposerai mon système, je mettrai son adoption aux voix par le suffrage universel dans toute l'extension du mot, c'est-à-dire aux voix de l'Univers susceptible d'être musical à notre façon.

Mais pour être admis à voter il faudra justifier d'une étude, du système actuel pendant deux jours avec le secours du chromopyl et du modegammeton, et du nouveau sans auxiliaire pendant deux minutes....sans figure.

A votre question si j'ai soumis mes appareils aux musiciens, je réponds que, en fait d'opportunité de changer la théorie musicale, les musiciens sont les juges les moins compétents : rien ici de la routine et de la mauvaise volonté. Durant la longue pratique exigée pour le moindre progrès dans l'art, le musicien n'apprend pas ; en musicant il se familiarise avec la notation, le langage, les signes, tout ce qu'on prend pour la théorie musicale, comme l'enfant apprend à parler en vivant.

En employant mes loisirs à enseigner la musique à mes filles, j'ai imaginé le modegammeton, primitivement breveté sous le nom de *rapporteur musical* ; le chromopyl est le fruit de la conception au négatif de la gamme.

En possession de ces deux lanternes, j'ai éclairé l'antre de la théorie musicale : cette théorie s'est montrée à moi telle que vous la verrez bientôt avec ses qualités qui s'évanouissent l'une après l'autre, à l'épreuve d'une simple analyse, et surtout avec ses défauts que je m'obstinais à cacher et à justifier. Il faut bien être conservateur de ce qui marche tant qu'on n'a rien de marchant à mettre à la place.

Alors j'ai examiné les diverses attaques dirigées sans succès contre la théorie musicale, celle surtout dont le cri de guerre a été poussé par J.-J.-Rousseau ; conduite avec une grande vigueur par Galin-Paris-Chevé la notation par chiffres, qui a donné un moment le change aux esprits prévenus, a échoué faute de formule.

On a fait honneur à la convention de la représentation par chiffres, des résultats obtenus par la division du travail et par sa spécialisation.

Par exemple, quelle force de simplicité peut avoir un système qui bifurque la convention en donnant aux sons des noms de note, do, ré, mi... et en les représentant par des chiffres, 1, 2, 3...; en oubliant le plus important zéro.

Les novateurs malheureux en théorie musicale ont plutôt fait d'accuser de leur insuccès la routine des musiciens, que d'en rechercher la cause dans un défaut de leur système. Qu'importe la théorie au vrai musicien, le domaine de l'art est si vaste et a si peu de rapports avec celui de la science.

" Ne vous récriez pas, la couturière se sert d'aiguilles, elle sait bien choisir celles qu'il faut pour son ouvrage, pointues, souples ; mais si vous la croyiez pour cela forte en métallurgie, vous pourriez vous tromper. "

Tous les musiciens ne sont pas seulement compositeurs ou exécutants, la plupart sont profeſseurs ; ceux-ci connaissent très-bien la théorie musicale, autant du moins qu'on peut en avoir une idée bien nette, avant d'avoir été confirmé par le jeu du chromopyl.

Quand l'usage des appareils m'eut éclairé sur les nombreux défauts de la théorie, je me demandai comment un tel assemblage d'incohérences théoriques, avait pu produire les beaux effets de la pratique musicale. De mes réflexions surgit la conviction suivante : Ce qui est essentiellement mal ne peut produire ni le bien ni le beau, donc les défauts qui m'offusquent ne sont pas propres à l'essence de la théorie, mais proviennent de circonstances accessoires.

Cette tension de mon esprit a amené le travail d'analyse qui va passer sous vos yeux ; il sera couronné par l'énoncé d'une théorie musicale dont la simplicité et le pouvoir de saisissement sont tels, que mon interlocuteur du début est resté plusieurs nuits sans dormir, lorsque je lui eus prononcé le mot qu'il allait trouver sur de vagues négations indicatives.

EXPOSITION DE LA THÉORIE MUSICALE

Pour le moment, je borne cette étude à la formation et au choix des sons.

Une théorie est la loi qui régit une science en faisant la part des exigences, qui règle les conventions et combine les procédés : les exigences, d'ordre général ou d'ordre particulier à la science, sont les principes ; les principes priment la convention. On ne peut pas se passer d'une convention, c'est ce qui la distingue du procédé.

Exigences et principes en général

Pour la formation des sons on est combattu par deux exigences : l'une d'ordre sensoriel, il faut adopter des sons agréables ; l'autre d'ordre général, si les tons musicaux ne sont pas séparés par des intervalles égaux on ne peut pas transposer, c'est-à-dire déplacer un air à volonté en haut et en bas pour le mettre à la portée de toutes les voix de tous les instruments.

Quand la musique était individuelle on obéissait à la seule exigence de la sensation, on avait alors la *musique sensorielle.*

Sous prétexte de sociabilité le principe de l'équidivision s'est glissé dans cette musique timidement d'abord, puis il l'a envahie progressivement. Dans cette époque de lutte, c'est-à-dire de compromis de concordat, entre les deux principes, on avait la *musique tempérée.*

Mais il y a des principes dont on doit se défendre absolument ou qu'il faut accepter sans réserve. Par la force de la simplicité de l'idée qu'il représente, le principe de l'équidivition est resté seul dans la musique ; les rares données sensorielles que nous y retrouverons n'ont été maintenues que parce qu'elles sont égalitaires : nous avons aujourd'hui la *musique partégale.*

En différant de tonalité les sons deviennent des tons ; la différence des tons est leur intervalle. Les intervalles et la durée des tons, comme quantités étant susceptibles de mesure, sont justiciables des lois des grandeurs.

GRANDEURS

Première Exigence et Loi.

On doit pouvoir exprimer simplement toutes les grandeurs à l'aide d'un petit nombre de mesures ayant entr'elles des rapports simples.

Dans les poids, les mesures, les monnaies avec le système décimal, on obtient ce résultat, par l'adoption d'une série de mesures représentant non seulement tous les ordres d'unité, mais encore leurs doubles et leurs moitiés.

Le système binaire qui a 2 pour base, est théoriquement le plus parfait puisqu'il atteint le même but avec les seuls ordres d'unités. En effet aucune grandeur n'échappe à la série... 1/4, 1/2, 1, 2, 4...

Deuxième Exigence et Loi.

Les grandeurs devront être exprimées en une mesure théorique assez petite pour les comprendre toutes; l'usage n'adoptera que des mesures dans un rapport peu compliqué avec les grandeurs les plus fréquentes.

Les mesures théoriques et pratiques seront dans un rapport simple.

L'hecto, le kilo, le quintal, le tonneau sont les poids-mesures appliquées aux usages de la vie, la ration journalière du soldat sera bien exprimée en hecto, par semaine en kilogr., par année en quintal, la consommation d'une armée sera exprimée en tonneaux. Toutes ces mesures sont avec le gramme unité théorique dans un rapport simple et en harmonie avec le système de numération.

Par une infraction à cette loi des unités de mesure, les musiciens ont été entraînés à donner asile aux numérateurs chassés sans pitié par les mathématiciens. Ils sont allés choisir pour unité de durée la ronde, valeur de quatre temps, qui ne peut trouver place que dans la mesure à quatre temps, où même on ne la rencontre jamais... Oui cependant, quelquefois pour en finir. En complétant cette étude de la mesure dans la prochaine feuille, mon premier soin sera de chasser les dénominateurs des mesures 12/8, 9/8, 6/8 et 3/8.

Loi du Zéro

Si Pythagore et ses disciples avaient soupçonné la puissance du zéro même isolé et son rôle dans une série, la découverte entr'autres des logarithmes ne serait pas une invention moderne. En nommant le point de départ *un* d'après les errements des anciens, les médecins appellent tierce, quarte, la fièvre qui vient tous les deux , tous les trois jours. Nous ne tarderons pas à voir dans quel contre-sens ce respect de l'ordination des anciens à conduit le langage musical.

DONNÉES SENSORIELLES, PRINCIPES SENSORIELS

Première Donnée.

Voici la seule vérité absolue de l'ordre sensoriel qui étant conforme au principe de l'égalité a pu passer intacte dans la musique partégale.

TOUS LES FAITS SE REPRODUISENT IDENTIQUES A CHAQUE INTERVALLE D'OCTAVE. Cette propriété de la périodicité de l'octave, qui nous a fait donner à cet intervalle le nom de *cycle musical* permet de concentrer toutes les démonstrations sur un cycle (une seule octave).

Deuxième Donnée.

Cette donnée ayant été forcée de se prêter à l'équidivision a été altérée dans sa justesse, qui est restée cependant encore très suffisante pour la pratique.

Dans le cycle, formation de douze tons équidistants ; de ces douze tons, choix de sept, dont l'ensemble présenté par succession progressive de tonalité constitue la gamme. Cette gamme ne peut prendre ses sept tons que d'une manière (modus) mode majeur, ou d'une autre, mode mineur. Les airs faits avec l'ordre, le mode majeur sont gais, expansifs, variés ; ceux produits par la gamme mineure sont au contraire tristes, concentrés, monotones.

En s'enrôlant dans une gamme chacun des sept tons y prend un numéro d'ordre, un nom ordinal franco-latin de seconde, tierce, quarte, quinte, sixte, septième qui désigne son rang dans la série. Les plus importants d'entr'eux sont distingués en outre par des titres qui rappellent une de leurs particularités, médiante, dominante, sensible. Le premier ton, celui qui sert de point de départ et qui nomme la gamme, est la tonique.

Dans cette distribution on a méconnu la loi du zéro, on est parti de *un*. Est-ce qu'un ingénieur marque *un* sur la pierre, lieu de départ des kilomètres ?

Voyez maintenant les conséquences : on appelle renversement (un mathématicien l'appellerait complément) le fait de compter à rebours(en descendant puisque les rangs sont donnés en montant la gamme) le rang d'un ton de gamme. Si vous énoncez le rang d'un ton en le comptant en avant puis en arrière, vous avez nommé une note et son renversement. Cette somme des deux rangs doit être égale au nombre total des rangs, à sept, puisqu'il y a sept tons pris pour une gamme : mais avec le système de numération usité en musique, on trouve que la seconde est le renversement de la septième, ou que sept et deux font sept.

R. F. BIBLIOTHÈQUE NATIONALE

Conventions et Procédés.

Les principes ont pu être traités à fond en peu de mots ; ceux d'entr'eux qui ne sont pas évidents d'emblée, le deviennent par un peu de réflexion ou après plusieurs exemples ou quelques applications. Les conventions et les procédés étant des artifices ne relevant que de considérations étrangères aux principes généraux et musicaux, leur réglementation très délicate s'appuyera sur des considérants nombreux et variés. Aussi, pour ne pas trop perdre de vue notre but, nous renvoyons leur examen approfondi à une autre feuille : nous placerons ici quelques généralités indispensables, pour mémoire comme amorce.

Une convention est un artifice nécessaire pour représenter une chose par une autre ; son utilité consiste à douer la chose représentée des qualités de la chose représentant. Une idée est une chose fugace et personnelle, la pensée que vous avez ne sert à rien aux autres et elle est susceptible de sortir de votre mémoire. Traduite par la convention du langage, cette pensée est communiquée à toutes les personnes qui vous entourent et sa conservation est confiée à plusieurs mémoires ; mais son extension dans l'espace nécessite votre voyage ou celui de vos auditeurs, son extension dans le temps exige la tradition : par toutes ces transmissions votre idée risque d'être altérée, il lui manque la fixité ; la convention de l'écriture lui donnera cette fixité et la mobilité du morceau de papier, qui permettra de lui faire traverser le temps et les lieux sans crainte d'altération... La télégraphie, une autre convention avec des moyens intermédiaires plus compliqués, permettra à la pensée de voyager instantanément. Voilà ce que peuvent valoir les conventions.

L'essence d'une convention est que : 1° la substitution se fasse entre deux êtres réels ; 2° qu'on soit libre de traduire une qualité quelconque de l'une par un élément quelconque de l'autre ; le choix peut être déterminé par une exigence de la chose remplaçante mais non de la chose remplacée : Il va de soi qu'une convention doit être simple et une. Donnons un corps à ces idées abstraites.

Par l'algèbre, on substitue aux nombres des lettres, pour retrouver dans le résultat les données non dénaturées par le calcul ; dans les géométries simple ou analytique, on calcule des figures et on figure des calculs : dans toutes ces parties des mathématiques la convention pure n'existe pas, la substitution ne se faisant que pour des rapports et non entre des êtres réels.

Quand dans le piano, l'orgue, le violon on place les tons aigus à droite, pour mettre à la portée de la main la plus agile, les sons plus particulièrement affectés au chant et susceptibles de mouvements plus rapides, on ne pose pas une convention, parce que cette disposition est commandée par la nature même des sons, *objets représentés*; c'est une vraie convention au contraire qui met en haut sur la portée ces mêmes sons aigus dans l'écriture musicale : cette disposition a pu être adoptée arbitrairement ou en vertu d'une simple convenance de l'écriture, *chose représentant*.

Quand j'aurai dit que le fait : de nommer douze tons par sept noms de note avec leurs nuances dièses ou bémols, d'énoncer quinze gammes avec ces mêmes sons nuancés n'est qu'un simple procédé, parce que ce n'était pas nécessaire, nous aurons, suffisamment pour le moment, établi ces diverses distinctions.

APPLICATIONS

Premier Procédé.

On aurait pu donner un nom particulier à chacun des douze tons du cycle (octave) ; mais comme pour chaque gamme on ne se sert que de sept tons , on s'est contenté de sept noms qui, servant à la notation musicale , ont reçu le nom commun de notes de la musique.

Les syllabes ut ou do, ré, mi, fa, sol, la, si ont nommé les sept tons, dans leur rang du grave à l'aigu , de la gamme la plus usitée alors, dont ut est le ton fondamental, la tonique. On a toujours conservé aux tons de cette gamme les noms simples des notes.

Suite du Premier Procédé.

Les cinq tons qui restent ont été considérés comme des altérations, en plus ou en moins d'acuité, des deux tons entre lesquels ils sont placés. Le ton entre fa et sol peut être nommé : par fa, fa plus, fa + ou, musicalement, fa dièse, fa ♯ ; par sol, sol moins, sol —, ou sol bémol, sol ♭.

Extension du Procédé.

On a voulu que les sept noms de note servent à nommer toutes les gammes, quel qu'en soit le ton fondamental, la tonique. Alors partant d'un ton quelconque, do dièse par exemple, on énonce la gamme en ut dièze majeur en nommant successivement dans leur ordre toutes les notes, do, ré, mi, etc., en ayant la précaution de nuancer, pour conserver entre les tons pris, les mêmes intervalles que dans la gamme en ut : dans le cas d'ut dièze, il suffit de tout diéser ; mais *si* dièze n'est autre que *do*, *mi* dièse est *fa* simple ; par la gamme en ut bémol, *si* eut été nommé *do* bémol, *mi* serait devenu *fa* bémol. D'où l'on voit que cette obligation d'énoncer une gamme avec les sept notes de la musique, sans omission et par conséquent sans répétition, a amené à affecter de dièses et de bémols, même des tons déjà désignés par des noms simples.

Au dièse et au bémol, qui nuancent les notes (de *chroma* couleur pris dans le sens de nuance) nous avons donné le nom commun de chromes, c'est d'ailleurs le radical réclamé par échelle chromatique, nom qui désigne depuis longtemps la série de tous les tons.

De chrome et de *pulè* porte, j'ai nommé l'appareil qui laisse passer les chromes dans l'ordre où ils viennent dans les différents tons : le chromopyl est bien le défilé des tons. Je n'ai pas pu me résoudre à continuer le nom d'*accidents* à des additifs ou signes, dont le caractère le plus saillant est de ne jamais être accidentels. Je n'écris pas chromopyle que les musiciens de langue anglaise prononceraient kromopaaïl.

Sauf la gamme en ut, achrome par sa formation, chaque tonalité différente exige un système de chromes. Ces signes placés dans le courant compliqueraient l'écriture et seraient un embarras ; aussi les met-on à la clé (au commencement, de toutes les lignes, dans la musique imprimée, du morceau seulement, dans la copie). Dans cette position, les chromes rappellent les notes à nuancer en même temps qu'ils signalent la tonalité propre à chacune de leurs dispositions.

Ces chromes à la clé seront sa chromure ; on dira : une clé chromée par deux dièses, par trois bémols. Cette dénomination a une signification plus proche que celle usitée d'armature. De tous ceux que je remplace ce dernier nom est le seul dont je plaigne le sort ; ces signes à la clé étaient bien les armes parlantes les armoiries du ton ; mais aussi pourquoi parler d'armoiries dans une musique partégale.

Finissons les conventions par celle qui place le plus haut sur la portée musicale les tons les plus aigus. Cette convention a fait de haut et bas, d'abord la figure puis le synonyme de aigu et grave ; maintenant elle aspire à devenir un terme propre. Je ne veux pas défendre aigu et grave, eux mêmes ont usurpé la place de noms aujourd'hui disparus, ils se sont même coalisés deux figures pour s'imposer, et il n'est resté que la tête de l'un et les pieds de l'autre, puisque aigu, pointu, n'est pas le contraire de grave, lourd.

Je vous prierai cependant de ne pas donner trop d'empire à une locution aussi significative que haut et bas, votre habitude pourrait gêner mon retour à la convention contraire. — Quoi ! vous avez donc juré de tout changer ? puisque vous voulez que nous appelions haut le bas, et bas le haut. Pour cela non, c'est trop fort, de tout temps....... — je vous arrête, votre légitimité ne date que des Maires du palais, l'origine de la mienne se perd dans la nuit des temps Extrême-Orientaux. Avant la convention actuelle les Grecs avaient la convention contraire, ce qui a fait dire bien des sottises aux érudits, auxquels on n'avait pas encore signalé cette révolution dans l'histoire de la Grèce.

NÉOLOGISME

J'ai bien établi les principes, signalé les conventions et les procédés ; toutes ces précautions pour assurer notre marche sont insuffisantes : il nous faut maintenant rejeter, comme faussant nos idées, la plupart des termes usités en musique ; je tâcherai d'en trouver de nouveaux qui ne feront pas regretter les anciens.

Les tons sont les matériaux de la musique ; leur idée, fondamentale en musique, doit y trouver un nom dont la précision soit en rapport avec la fréquence de son emploi : j'ai bien compté six acceptions au mot ton, éliminons en cinq. Ton ne saurait signifier un son et un intervalle, un point et une ligne, une station et le chemin qui relie deux stations ; il ne faut plus qu'un musicien puisse dire avec une égale vérité : de *do* à *ré* il y a *un* ton (intervalle), et de *do* à *ré* il y a *quatre* tons (stations) *do, do* dièze, *ré* bémol et *ré*.

Ici, le mot ton aura toujours la signification station : faites la gamme majeure dans les douze tons. Les tons doivent être les sons que le compositeur désigne et que l'artisan met à la disposition de l'artiste ; c'est d'ailleurs l'acception qui a passé du figuré dans le langage usuel : si vous le prenez sur ce ton.

L'intervalle égal entre les douze tons sera un entre-ton; comme le plus grand nombre des entre-notes est de deux entre-tons, la mesure pratique sera le double. (v. 2me loi des grandeurs p. 14.) Ainsi, comme en monnaie on dit un doublon, dans le mesurage des grains un double (sous-entendu décalitre), nous dirons : dans la gamme majeure, il y a cinq entre-notes d'un double et deux d'un simple (sous-ent. entre-ton) ; la gamme mineure se compose de deux entre-notes d'un simple, de trois entre-notes d'un double et d'un entre-note d'un triple entre-ton ; une tierce majeure se compose de deux doubles et la quinte de trois doubles et demi.

Poursuivons *ton* jusque dans son origine, la musique sensorielle, et expulsons-le des traités de physique. Remarques préparatoires importantes : ce que les Grecs, les parrains de notre musique, nommaient ton, nous l'avons depuis appelé note. Majeur et mineur ayant en musique une acception de mode bien assise, il faut éviter de rendre les mots majeurs et mineurs , synonymes de grand et petit ou d'augmenté et diminué.

L'ex-ton-intervalle, rapport en physique, sera *un entre-note*. Le rapport $9/8$ (ex-ton majeur) qu'on rencontre trois fois dans la gamme, do-ré, fa-sol, la-si, sera *l'entre-note commun*. Vous avez déjà nommé *entre-note sensible* l'ex-demi-ton majeur, le rapport $^{16}/_{15}$ mi-fa, si-do. Le rapport $^{10}/_{9}$ (ex-ton mineur) qui caractérise les deux intervalles aux dépens desquels se font les minorations, ré-mi, sol-la, sera *l'entre-note modal* : d'où, nous n'accepterons jamais en majeur et mineur que les notes influencées par le mode, la tiercé et la sixte qui seront toujours majeures ou mineures (exprimé ou sous-entendu). Les autres intervalles pourront être grands, petits ; augmentés, diminués ; majeurs ou mineurs, jamais.

Si le ton des Grecs était ce qu'aujourd'hui nous appelons note, un mouvement *diatonique* devrait être écrit *dianotique*, mais pourquoi joindre la préposition grecque *dià*, à travers, à un mot inconnu des grecs. Nous nommerons :

Difnotiques, deux tons différant par le nom de la note.
Difchromiques, deux tons ne différant que par le chrome.
Difscriptiques, deux tons ne différant que par l'escripture.

Ces derniers, appelés ailleurs enharmoniques, si on préférait les comparer par un caractère commun de préférence au différentiel, pourraient être nommés *monoclines, monodactyles* (produits par la même touche, le même doigté) : ces trois noms qui commencent par *dif* seront utilisés ailleurs.

Nature et Tempérament

Deux mots à reléguer dans l'histoire de la musique ; le premier, parce qu'il ne signifie rien, le second parce qu'il signifie trop. *Nature*, naturel, tout est naturel. On a nommé naturelles deux gammes ; l'une qui est la gamme suivant les lois de la physique, de la nature par conséquent ; l'autre une gamme avec des noms simples ; voilà le même mot naturel qui représente un principe la loi de sensation, avili à une signification de procédé. Si je suis obligé de distinguer ces deux acceptions en vous disant que l'une est la gamme sensorielle et l'autre la gamme achrome, pourquoi garder naturelle qui signifie mal, au lieu de ces deux mots qui comportent l'idée.

Tempérament, respectueuse déviation à la gamme sensorielle ; usité avant notre époque, n'a plus de place dans une musique partégale où de la musique sensorielle il n'est resté que la tonique. Je ne dirai jamais d'un maçon qu'il a changé l'aménagement d'une vieille maison, lorsque sur ses fondements il en aura élevé une nouvelle.

RÉCAPITULATION

Avant de les engager dans la chiropsie, précisons bien la valeur des données musicales. En musique, il n'y a de concret, de palpable, d'existant, que les tons : ce sont les cordes du piano, les sons produits par diverses manœuvres ou doigtés sur des instruments. Aussi les tons ont-ils seuls des noms propres à chacun d'eux.

La gamme, idée abstraite, ses notes n'ont pas de noms propres ; elles prennent à la fois les tons avec leurs noms. Les noms ordinaux de tierce, quarte, etc., indiquent seulement la place des notes, leur véritable caractère. On peut cependant représenter la gamme et raisonner sur elle, comme on fait pour les nombres, rapports aussi.

Le mot gamme, relation entre les tons pris et les tons laissés, éveillerait une idée complète s'il n'y avait qu'une seule manière de faire la gamme ; mais parce qu'elle peut être entendue de deux manières, l'idée de gamme doit toujours être complétée par l'indication de mode, et le mot gamme sera toujours suivi de l'adjectif majeur ou mineur exprimé ou sous-entendu.

Toute la musique est dans ces trois mots : *Tons*, pris dans un ordre, *gamme* ; faite d'une certaine manière, *mode* : ou dans ce composé qui les réunit tous, **modegammeton.**

TRADUCTION PAR CHIROPSIE

Comme êtres réels, les tons seront représentés par leurs noms; leur qualité, de couper le cycle
(octave) en douze entre-tons égaux, sera exprimée
en faisant occuper à chaque ton un douzième de
circonférence : la circonférence étant le symbole
de la périodicité de l'octave. Nous écrivons à la
place assignée à chaque ton, tous ses noms produits par le procédé des sept notes nuancées par
les chromes.

Sur un cercle, il n'y a ni droite ou gauche
comme sur le piano, ni haut ou bas comme sur la
portée dans l'écriture; mais une circonférence
peut être parcourue dans deux sens. Nous
appellerons direct le sens de la marche des aiguilles d'une montre et inverse le sens contraire.
Nous dirons: sur nos appareils, *les tons se succè-
dent dans l'ordre progressif de tonalité ascen-
dante dans le sens direct;* c'est la seule convention
dont nous ayons besoin, tout le reste est déduction.

Dans le sens direct, chaque ton sera plus aigu
que le précédent, plus grave que le suivant.

Les deux manières d'être de la gamme sont re-
présentées dans deux figures. Des douze tons,
en noir, les places des cinq laissés, comme si ces
tons étaient cachés par un écran : les sept pris

seront en blanc , la lettre T désigne la case
correspondant à la *tonique*.

Une pièce composée de cinq écrans mobiles
nous donnera les relations des toniques et des
chromures : appliquée sur la pièce des tons, elle
formera le système appelé chromopyl.

Une autre pièce., gamme abstraite puisque la
place des notes est vide, porte seulement les noms
qui attendent les tons à investir temporairement
des fonctions de notes. Par les percés à l'emporte-
pièce, paraîtront les tons en relation de gamme,
quand les deux pièces gamme et ton seront su-
perposées. Cette même pièce est une modegamme
puisque par le jeu d'une bascule modale, les deux
notes dont la position varie avec les modes, peuvent recevoir les deux positions propres à chacun
d'eux. L'ensemble de ces trois pièces forme donc
l'expression chiropsique complète de la musique,
le **modegammeton**.

Dans les feuilles qui suivront, j'éclaircirai tout ce qui reste obscur et surtout la musique sensorielle et tempérée.

Je mettrai à même de fouiller à fond dans la théorie physique de la musique, par les simples outils d'une instruction primaire, à travers des calculs, dont bien des bacheliers ès-sciences complet ne se tireraient pas à leur satisfaction.

Quoiqu'elle ne s'écrive pas, la musique sensorielle, toujours restreinte dans la pratique générale, restera quand même toujours la vraie science musicale ; elle sera la seule science lorsque la théorie de la partégale sera réduite à l'évidence : c'est toujours dans le sensoriel que l'artiste cherchera ses plus profonds effets. La notion complète de la théorie sensorielle fait partie de l'instruction, désirable pour tous, obligatoire pour le musicien ; celui-ci ne doit point être obligé de chercher, dans les traités élevés de musique ou élémentaires de physique, ce complément indispensable de son éducation professionnelle.

Il ne faut plus qu'il se rencontre des Lévites de l'Harmonie, restés en dehors de l'initiation aux secrets du temple que la science a révélés à des Profanes.

Marseille. — Imp. et Stéréotypie de la Ve Marius Olive, quai du Canal, 15.

TOUS DROITS RÉSERVÉS

Prière aux journaux qui feront, dans leurs colonnes, à la Musique Partégale l'honneur d'articles de critique importants, de faire le service de six exemplaires au docteur François RICARD (Musique Partégale, Marseille) un, pour lui, cinq pour les groupes des cinq parties du monde qui s'intéressent à sa lutte.

A partir du 7 juin, notre outillage nous permettant alors une production rapide, économique et dans toutes les langues, nous ne servirons que les commandes en gros.

D'ici là, contre l'envoi affranchi de 2 fr. 50 par appareil, en chèque, bon de poste même en timbres-poste, nous expédions franc de tous frais, selon le nombre, par la poste ou par grande vitesse.

Même quand on se joindra plusieurs pour éviter des frais de demandes et un trop grand fractionnement de chèques, le service des appareils sera fait individuellement, par la poste, à chacune des adresses contenues dans la lettre de demande.

S'adresser de préférence à son marchand de musique ou à son libraire. Quoique avant le 7 juin, dès le règlement de la première demande, ces Messieurs verront s'ils ont avantage à continuer leur office d'intermédiaire.

Marseille. — Imp. T. Samat, quai du Canal, 15.

www.ingramcontent.com/pod-product-compliance
Lightning Source LLC
Chambersburg PA
CBHW051347050726
47595CB00006B/2433